삶의 영성

A Spirituality of Living

Originally published in the U.S.A. under the title: *A Spirituality of Living*
Copyright © 2011 The Henri Nouwen Legacy Trust.
All rights reserved.

Korean edition copyright © 2013 by Duranno Press, 95 Seobinggo-Dong,
Yongsan-Gu, Seoul, Republic of Korea

This translation published by arrangement with Upper Room Books
through Riggins International Rights Service, Inc.

본 저작물의 한국어판 저작권은 Riggins International Rights Service, Inc.를 통하여
Upper Room Books와 독점 계약한 두란노서원에 있습니다.

신 저작권법에 의하여 한국 내에서 보호받는 저작물이므로 무단전재와 무단복제를 금합니다.

헨리 나우웬의 일상의 예배 1

일상 한복판에서 하나님을 만나는 하루
삶의 영성

지은이 | 헨리 나우웬
엮은이 | 존 모개브개브
옮긴이 | 윤종석
초판 발행 | 2013. 8. 5
23쇄 발행 | 2025. 8. 21
등록번호 | 제3-203호
등록된 곳 | 서울시 용산구 서빙고동 95번지
발행처 | 사단법인 두란노서원
영업부 | 2078-3333 FAX | 080-749-3705
출판부 | 2078-3444

책값은 뒤표지에 있습니다.
ISBN 978-89-531-1947-5 03230

독자의 의견을 기다립니다.
tpress@duranno.com   http://www.duranno.com

두란노서원은 바울 사도가 3차 전도 여행 때 에베소에서 성령 받은 제자들을 따로 세워 하나님의 말씀으로 양육하던 장소입니다. 사도행전 19장 8-20절의 정신에 따라 첫째 목회자를 돕는 사역과 평신도를 훈련시키는 사역, 둘째 세계선교(TIM)와 문서선교(단행본·잡지) 사역, 셋째 예수문화 및 경배와 찬양 사역, 그리고 가정·상담 사역 등을 감당하고 있습니다. 1980년 12월 22일에 창립된 두란노서원은 주님 오실 때까지 이 사역들을 계속할 것입니다.

헨리 나우웬의 일상의 예배 1

일상 한복판에서 하나님을 만나는 하루
삶의 영성

헨리 나우웬 지음 | 윤종석 옮김

두란노

contents

《헨리 나우웬의 일상의 예배》 시리즈를 펴내며　6
여는 글. 예수의 영성으로 살라　8

내 일상에
하나님이 활동하실
공간이 있는가?　21

1단계 **고독의 제자도**
하나님과 단둘이 있는 영성　33

2단계 **공동체의 제자도**
서로 약한 모습을 받아들이는 영성   59

3단계 **사역의 제자도**
'고통의 자리'에 찾아가는 영성   79

하나님께 내드리면
'풍성한 열매'가 맺힌다   97

주   107
저자 소개   110

《헨리 나우웬의 일상의 예배》 시리즈를 펴내며

헨리 나우웬은 늘 삶의 핵심에 가 닿으려 했고, 결코 주변에서 기웃거리는 정도로 만족하지 않았다. 그래서 새로운 경험과 관계에 대한 그의 접근은 거침이 없었다. 헨리는 어린아이처럼 열렬한 기대감을 품고 세상을 바라보았고, 그에게는 조건 없이 사랑하시는 하나님을 삶의 한복판에서 만나리라는 확신이 있었다. 헨리의 삶과 사역은 우리에게 일상의 현장에서 그 하나님을 알아보게 해주려는 부단한 열정의 산물이다.

《헨리 나우웬의 일상의 예배》 시리즈는 현대의 제반 이슈와 관심사에 긍휼로 천착한 헨리의 유산을 되살린 것이다. 헨리나우웬협회와 어퍼룸미니스트리(Upper Room Ministries)의 협력으로 만들어진 이번 시리즈는 헨리가 마음에 두었던 여러 가지 주제를 참신하게 제시하고 있다. 하나님이 우리 일상 속에 생각보다 가까이 계심을 시리즈의 각 책을 통해 깨닫게 되기를 바란다.

여는 글 . 예수의 영성으로 살라

　　논리적이고 설득력 있는 이 책의 주제는 헨리 나우웬의 가장 중요한 가르침 중 하나다. 헨리는 학자로 살았고, 수많은 사람의 삶에 깊이 개입했고, 자신을 성찰할 줄 알았으며, 이 모든 것의 기초를 예수님의 삶과 정신과 가르침에 두었다.

　　이 책은 헨리의 그러한 삶의 결실이다. 본문의 분량이 많지 않아서 집필하는 데 오랜 시간이 걸리지는 않았겠지만, 우리 시대 영성의 스승이 들려주는 삶의 지혜다.

우리는 모두 잘 살기를 원한다. 즉 사랑과 소속감을 경험하고, 가족이나 친구들과 잘 소통하고, 나름대로 타인에게 유익을 끼치기를 바란다. 그러려면 어떤 길로 가야 할까? 우리의 가장 깊은 갈망을 이루려면 어떻게 해야 할까? 한마디로, "우리는 이 땅에서 어떻게 살 것인가?"

  헨리가 제시하는 영성은 이 질문에 답하고 있다. 우리 삶을 변화시킬 수 있는 건 바로 '생활의 영성'이다.

나는 1984년 프랑스 트로슬리-브로이에 있는 장 바니에의 라르쉬 공동체에서 헨리 나우웬을 만났다. 당시 하버드대학교에 재직 중이던 헨리는 안식년을 맞아 라르쉬에서 생활하고 있었고, 나 역시 같은 공동체에서 일하고 있었다. 그때 싹튼 우리의 우정은 이후 10년에 걸쳐 점점 깊어졌다. 그 기간 동안 우리는 둘 다 라르쉬에서 직책을 맡아 섬겼다.

물론 헨리는 교사이고 작가였다. 헨리는 심리학과 신학으로 학위도 받았고, 그에게는 명문대 교수라는 지위도 있었다.

하지만 내가 본 헨리는 평생 자신과 타인에게서 배우는 학생이었다. 나는 삶의 가장 중요한 의문들을 탐색하는 헨리의 모습을 뜻밖에도 '라르쉬'라는 장에서 함께 생활하면서 볼 수 있었다.

아울러 각계각층의 사람들이 말하는 걸 경청하는 헨리의 모습도 늘 가까이에서 지켜보았다. 헨리는 인종과 종교가 다른 사람, 약하고 강한 사람 등을 가리지 않고 그들 모두에게 귀를 기울였다.

헨리는 사랑에 빠진 사람들과 함께했고, 깨어진 관계 때문에 슬픔에 잠긴 사람들과도 함께했다. 헨리는 죽어가는 사람들의 곁을 지켰고, 사석이든 공석이든 새 생명의 탄생을 축하하는 자리에도 즐거이 동참했다.

또한 사회 정의를 위해 활동하는 운동가들의 말을 경청했고, 내면생활에 치중하는 사람들의 말도 경청했다.

그는 자살을 생각하는 우울한 사람들과 동행했고, 넘치는 창의력으로 전성기를 보내는 사람들과도 동행했다.

헨리는 어마어마한 부자들과도 친구로 지냈고, 재산이라곤 너그러운 마음밖에 없는 사람들과도 친구로 잘 지냈다. 이 모두를 통해 헨리는 사람 마음의 윤곽을 얼추 깨닫게 되었다.

  온전히 인간다워지려는 우리의 영적 여정은 하나님의 마음에서 시작되고 끝이 난다. 이전의 여느 누구처럼 헨리도 그렇게 믿었다. 헨리는 우리가 따를 수 있도록 영적 지도를 그려서 길을 표시해주었다.

헨리가 이 책에서 제시하는 삶은 고독(Solitude), 공동체(Community), 사역(Ministry)이라는 세 가지 "순간"으로 맞물려 있다. 그는 이 모본을 예수님의 삶에서 보았다. 우선 고독과 기도를 통해 우리는 자신의 참된 정체성이 하나님의 자녀임을 항상 잊지 않을 수 있다. 이것이 타인과의 관계로 이어져 공동체를 이루고, 그 공동체 안에서 우리는 기뻐하고 용서하는 법을 배운다. 그리고 이 공동체를 지지 기반으로 삼아 우리는 마침내 밖으로 나가 긍휼의 사역으로 다른 사람들을 섬길 수 있다.

헨리는 이 고독과 공동체와 사역의 주기 속에 의지적으로 들어갔고, 이를 통해 자신의 가장 깊은 갈망을 채움받았다. 이 길이 당신과 나에게도 풍성한 열매를 맺게 할 것이라고 믿기에 그는 우리 앞에 이 삶을 내놓았다.

헨리는 믿을 만한 길잡이다. 평생 이 영성을 삶으로 실천한 사람이다. 헨리는 자신의 여정 중에 악한 영들과 싸웠고, 다른 사람들이 악한 영들과 싸울 때도 동지가 되어주었다.

그는 자신의 고난이든 타인의 고난이든 세상의 고난이든 그 어떤 고난도 두려워하지 않는 법을 배웠다.

무엇보다 헨리는 충실하게 살고자 노력했다. 하나님께, 자신의 독특한 은사에, 자기가 속한 공동체에, 사방에서 들려오는 고난의 절규에 충실하고자 했다. 헨리의 영적 인생관은 진실하게 살려는 갈망에 기초한 것이다. 또한 그것은 우리 모두의 갈망이 아닌가?

헨리는 고독 속으로 들어갔고, 타인과 관계를 맺었고, 세상의 고난에 긍휼로 다가갔다. 이를 통해 그는 진실을 발견했을 뿐 아니라 지각에 뛰어난 평강도 얻었다.

이 책이 우리를 동일한 자리로 인도할 것이다.

네이턴 볼(Nathan Ball)
헨리나우웬유작센터

마침 구름이 와서 그들을 덮으며
구름 속에서 소리가 나되
이는 내 사랑하는 아들이니
너희는 그의 말을 들으라 하는지라(막 9:7).

A Spirituality
of Living

내 일상에
하나님이 활동하실
공간이 있는가?

영적 삶은 훈련이 없이는
불가능하다.[1]

영적 삶이란 하나님의 영이 인도하시는 삶이다. 예수님의 삶도 그 영이 인도하셨다. 성령은 우리에게 죽음을 이기는 삶을 주신다.[2] 어떻게 하면 우리가 이 성령을 만나고, 성령의 음성을 듣고, 성령의 인도를 받을 수 있을까?

이것은 그리 쉬운 일이 아니다. 세상에는 워낙 잡다한 일이 많고, 우리의 주목을 끌려는 소리가 가득하기 때문이다.

성령을 느끼고 경험할 수 있는 공간, 성령의 음성을 듣고 반응할 수 있는 공간이 필요하다. 우리가 하나님께 그런 공간을 내드릴 수 있을까? 지금 우리 삶 속에 성령이 우리의 주목을 끄실 만한 공간이 있는가?

우리 삶은 늘 무언가로 가득 차 있다. 할 일도 많고, 만나야 할 사람도 많고, 힘써야 할 활동도 많다. 우리는 빈틈없이 바쁜 삶을 원한다. 바쁘게 살면 뭔가 중요한 일이 벌어지는 것처럼 느낀다.

몸이 바쁘지 않으면 생각이라도 바쁘게 움직인다. 그리고 이미 지나간 일이나 아직 있지도 않은 일로 온갖 염려를 다한다. 혹시 벌어질지 모르는 일에 대한 근심과 이미 벌어진 일에 대한 죄책감으로 내면의 공간을 잔뜩 채운다.

근심과 죄책감의 이면에는 빈 공간에 대한 깊은 두려움이 도사리고 있다. 빈 공간을 낸다면 뭔가 예측할 수 없는 일이 벌어질 것만 같다. 전혀 새로운 일이 벌어져서 내가 원하지 않은 곳으로 나를 데려갈 것만 같다 (요 21:15-19 참조).

바로 이 부분에서 영적 삶의 훈련이 중요해진다.

'제자도'(discipleship)와 '훈련'(discipline)은 같은 단어다. 이 단어가 늘 나를 매료시켰다. 일단 예수님을 따르기로 결단했다면 이제 남은 문제는 제자로서의 훈련이다. 그 결단에 충실하게 살려면 어떤 훈련들이 나에게 도움이 될까? 예수님의 참된 제자가 되고 싶다면 훈련된 삶을 살아야 한다.

훈련이란 통제를 뜻하는 게 아니다. 물론 심리학이나 경제학적으로 훈련되어 있다면 그 분야의 지식을 웬만큼 통제할 수 있다. 자녀를 훈련시킬 때도 통제하려는 마음이 약간은 작용한다. 하지만 영적 삶에서 훈련이란 "하나님이 활동하실 수 있는 공간을 내려는 노력"을 뜻한다. 훈련이란 자기 삶이 다른 것들로 가득 차지 못 하게 막는 일이다.

훈련된 삶에는 정신없이 바쁘지 않은 공간, 염려에 찌들지 않은 공간이 존재한다. 영적 삶에서 훈련이란, 내가 계획했거나 의지하고 있는 일이 아닌 뭔가 새로운 일이 벌어질 수 있는 공간을 내는 것이다.

훈련을 통해 우리는 성령의 음성에 순종할 수 있다. 성령은 우리를 새로운 곳, 새로운 사람, 새로운 섬김으로 인도하기 원하신다.

제자가 될 뿐만 아니라 늘 제자답게 충실하게 살려면, 내 생각에는 세 가지 훈련이 중요하다. 누가복음 6장 말씀에 이 세 가지 훈련이 함께 들어 있다. 익숙한 본문이지만 훈련에 대한 말씀인 줄 알면 놀랄지도 모른다.

세상 대신 하나님을 '생각의 주인'으로 삼으려면

제대로 된 훈련이 필요하다.[3]

"이때에 예수께서 기도하시러 산으로 가사 밤이 새도록 하나님께 기도하시고

밝으매 그 제자들을 부르사 그중에서 열둘을 택하여 사도라 칭하셨으니 곧 베드로라고도 이름을 주신 시몬과 그의 동생 안드레와 야고보와 요한과 빌립과 바돌로매와 마태와 도마와 알패오의 아들 야고보와 셀롯이라는 시몬과 야고보의 아들 유다와 예수를 파는 자 될 가룟 유다라

예수께서 그들과 함께 내려오사 평지에 서시니 그 제자의 많은 무리와 예수의 말씀도 듣고 병 고침을 받으려고 유대 사방과 예루살렘과 두로와 시돈의 해안으로부터 온 많은 백성도 있더라 더러운 귀신에게 고난받는 자들도 고침을 받은지라 온 무리가 예수를 만지려고 힘쓰니 이는 능력이 예수께로부터 나와서 모든 사람을 낫게 함이러라"(눅 6:12-19).

이 아름다운 이야기는 밤에 시작되어 아침을 거쳐 오후로 이어진다. 먼저 예수님은 고독 속에서 하나님과 더불어 밤을 보내셨다. 그리고 아침이 되자 사도들을 불러 공동체를 이루셨다. 오후에는 사도들과 함께 나가서 말씀을 전하시고 환자들을 고치셨다. 순서를 잘 보라. 고독이 먼저이고, 공동체가 다음이고, 사역은 나중이다. 밤에 고독이 있고, 오전에 공동체가 있고, 오후에 사역이 있다.

나는 사역을 혼자 하려 할 때가 많았다. 그러다 잘 안 되면 사람들을 찾아가 도움을 청했다. 나를 도와줄 공동체를 찾은 것이다. 그래도 잘 안 되면 기도를 시작했다.

그런데 예수님이 가르치시는 순서는 거꾸로다. 우선 고독 속에 하나님과 함께 있는 게 먼저다. 다음은 사람들과의 교제, 즉 사명을 함께 실천할 공동체와 더불어 거하는 것이다. 끝으로 그 공동체가 나가서 치유하고 기쁜 소식을 전파한다.

고독과 공동체와 사역, 이 세 가지 훈련을 통해 우리는 하나님께 공간을 내드릴 수 있다. 하나님이 활동하시고 말씀하실 수 있는 공간을 내드리면 놀라운 일이 벌어진다. 주님과 동행할 때는 늘 내게 행복과 평안이 있었다.[4]

제자가 되고자 하는가? 그렇다면 당신과 나는 분명 이 세 가지 훈련으로 부름받았다.

영적인 삶에서 훈련이란
하나님이 활동하실 수 있는
공간을 내려는 노력이다.

A Spirituality
of Living

1단계 고독의 제자도

하나님과
단둘이 있는 영성

고독 속에서 우리는
하나님을
만날 뿐 아니라
자신의 참 자아를
만난다.[5]

고독이란 하나님과 단둘이 있는 것이다. 우리 삶 속에 그런 공간이 존재하는가?

사귐 ● 삼위일체 하나님과 교제하는 훈련

모든 인간의 마음속에는 하나님과 깊이 교제하고 싶어 하는 마음이 있다. 이 갈구는 여러 가지 모양으로 나타난다. 누군가의 품에 안기고 싶은 마음, 친해지고 싶은 마음, 친밀한 우정과 동지를 찾는 마음, 내 말을 들어주고 이해해주기를 바라는 마음, 몸과 마음과 생각의 연합을 동경하는 마음 등이 모두 그것이다.

하나님과의 교제를 갈구하는 마음은 결코 우리에게서 멀지 않다. 그것이 채워질 때마다 우리는 기쁨과 평안을 경험하고, 그것이 꺾일 때마다 우리는 아픔과, 종종 내적 고뇌를 경험한다. 우리는 소속감과 소통과 편안한 마음과 안전을 원하는데, 그중 어느 것도 우리 혼자서는 채울 수 없는 갈망이다. 우리의 전 존재는 다른 지성적 존재를 갈망한다. 우리 마음은 하나님의 마음으로만 채워질 수 있다.

하나님과의 교제를 깊이 갈구하는 마음은 그분이 주신 소중한 선물이자 영적 여정의 참된 원동력이다. 우리의 믿음과 소망과 사랑도 그 갈구에서 비롯된다. 마찬가지로 우리의 불신과 절망과 두려움도 거기서 비롯된다. 이 갈구를 어떻게 하느냐가 우리 삶의 결정적인 요인이 된다.

예수님을 믿는다는 건 그분과 아버지 사이에 존재하는 교제를 믿는다는 뜻이다. 예수님은 "네가 나를 믿느냐"라고 물으신다(요 11:25-26 참조). 이 말씀은 이런 의미다. "너는 내가 하나님과 충만한 교제를 나누고 있음을 믿느냐? 내가 아버지께 받은 모든 말씀을 너에게 전하고 있음을 믿느냐? 아버지께서 모든 일을 나를 통해 하심을 믿느냐? 아버지께서 나를 보내셨음을 믿느냐?"

예수님을 믿는다는 건, 하나님의 보내심을 받아서 하나님의 충만함을 가시적으로 드러내시는 그분을 믿는다는 뜻이다. 한걸음 더 나아가, 예수님을 믿는다는 건 아버지와 아들 사이의 친밀하고 충만하고 전인적인 교제를 믿는 것이다. 예수님을 보는 것이 곧 아버지를 보는 것이고, 예수님을 만지는 것이 곧 아버지이신 하나님을 만지는 것임을 믿는다는 뜻이다.

그런데 예수님은 가장 친밀한 그 교제에 우리를 끼워주기 원하신다. 그래서 우리에게 성령을 주신다. 예수님은 "내가 가는 것이 너희에게 유익하다. 그래야 내가 성령을 너희에게 보낼 수 있다"라고 말씀하신다(요 16:7 참조). 성령 안에서 우리는 예수님이 아버지와 나누시는 사랑의 교제에 온전히 동참한다. 성령을 통한 이 교제야말로 구원의 신비이자 우리에게 약속된 영적인 삶이다.

기도하면
우리 가운데에
사랑이
살아난다.[6]

경청 ● 진짜 내가 누구인지 듣는 훈련

예수님은 밤새도록 하나님과 교제하셨다. 그 밤의 교제를 나는 이렇게 정의하고 싶다. 예수님은 자신을 "사랑하는 자"라고 부르시는 아버지의 음성을 들으셨다. 예수님이 요단 강에서 올라오실 때 들으신 음성도 그것이었고(눅 3:22 참조), 산에서 들으신 음성도 그것이었다. "너는 내 사랑하는 아들이다. 내 모든 사랑과 은총을 너에게 쏟는다. 너는 내 기뻐하는 자다"(눅 9:35 참조).

세상은 그분을 사랑받는 자로 취급하지 않았지만, 예수님은 자신이 사랑받는 자임을 아셨기에 세상 속에 당당히 들어가실 수 있었다. 사람들은 그분을 환호하다가 비웃었고, 칭송하다가 거부했다. "호산나!"라고 외치다가 "십자가에 못 박으라!"라고 외쳤다.

하지만 그 모든 소리 속에서 예수님은 이 한 가지 사실을 아셨다. "나는 하나님께 사랑받는 아들이며, 아버지께서 나를 기뻐하신다." 그래서 그 음성을 붙드셨다. 밤에 기도하실 때 그분은 다른 모든 소리에서 완전히 벗어나, 자신을 "사랑하는 자"라고 부르시는 아버지의 음성에만 온전히 마음을 여셨다.

우리도 하나님과 단둘이 있어야 한다. 고독이 왜 이렇게 중요한가? 우리를 "내 사랑하는 자"라고 부르시는 아버지의 음성을 그 고독 속에서 들을 수 있기 때문이다. 예수님은 당신과 나도 그분처럼 사랑받는 존재라고 말씀하신다. 그 동일한 음성이 우리에게도 들려온다.

기도란 그 음성을 내 존재의 중심으로 듣고 내 삶 전체에 스며들게 하는 것이다. '나는 누구인가?' '사랑받는 존재다.'

존재의 가장 진실한 심연에서 그 음성을 붙들지 않으면, 우리는 세상 속으로 당당히 들어갈 수 없다.

세상에는 다른 음성들도 많이 있어서 이렇게 소리 높여 외친다. "네가 사랑받는 자라는 걸 증명해보라. 너의 가치와 쓸모를 입증하라. 뭔가를 보여주라. 유명해지거나 약간의 권력이라도 얻으라. 그러면 사람들이 너를 사랑할 것이고, 네가 훌륭하고 대단하다고 말해줄 것이다."

이런 음성들은 매우 위력적이다. 우리의 은밀한 정서 불안을 건드리며, 아주 바쁜 삶으로 우리를 몰아간다. 그래서 우리는 자신이 관심을 받을 만한 착한 사람임을 세상에 입증하려고 한다. "세속적인 삶"이란 다른 게 아니라 이렇게 "주변의 반응에 좌우되는 삶이다."[7] 때로 우리는 바쁜 삶을 소명의 표출이라고 생각하지만, 예수님은 자아의 가치를 입증하려는 우리의 시도가 유혹이란 걸 아신다.

예수님이 "너는 내 사랑하는 자라"라는 음성을 들으신 직후에 그분께 또 다른 음성이 들려왔다. "네가 사랑받는 자임을 증명해보라. 뭔가 보여주라. 이 돌을 빵이 되게 하라. 유명해지라. 성전에서 뛰어내리라. 그러면 네 명성이 자자해질 것이다. 권력을 잡으라. 그러면 진짜 영향력이 생길 것이다. 너는 영향력을 원하지 않느냐? 그래서 세상에 온 게 아니냐?"

그러자 예수님은 이렇게 말씀하셨다. "아니! 나는 아무것도 입증할 필요가 없다. 나는 이미 사랑받는 자다"(마 4:1-11 참조).

하나님은 정결한 마음을

전제 조건으로

요구하지 않으시고

그냥 우리를 품에 안아주신다.[8]

나는 렘브란트가 그린 〈탕자의 귀향〉이라는 그림을 아주 좋아한다. 그림 속의 아버지는 아들을 품고 어루만지며 이렇게 말한다. "너는 내 사랑하는 자녀다. 너에게 아무것도 묻지 않겠다. 여태 네가 어디에서 무엇을 했든, 남들이 너에 대해 뭐라고 말하든, 너는 내 사랑하는 아들이다. 이제 너는 안전하게 내 품 안에 있다. 내가 곧 너의 집이다. 내 이름은 긍휼이고 사랑이다."

이 사실을 항상 명심한다면, 우리는 자신의 정체성을 잃지 않고도 엄청난 실패와 엄청난 성공을 둘 다 소화할 수 있다. 우리의 정체성은 사랑받는 자이기 때문이다.

부모나 형제자매나 교사나 교회나 세상 어느 누가 우리를 사랑해주거나 상처를 입히기 오래전부터, 누가 우리를 거부하거나 칭찬하기 오래전부터 "내가 영원한 사랑으로 너를 사랑하기에"(렘 31:3)라고 말씀하시는 그 음성은 늘 있었다.

그 사랑은 우리가 태어나기 전부터 있었고, 우리가 죽은 후에도 있을 것이다. 50년, 60년, 70년, 100년의 삶은 한순간에 지나지 않는다. 그 기간은 "예, 저도 하나님을 사랑합니다"라고 고백하도록 우리에게 주어진 시간이다.

하나님은 말구유와 십자가에서 한없이 약해지고 작아지고 의존적인 존재가 되셨다. 그런 그분이 우리에게 묻고 또 물으신다. "너는 나를 사랑하느냐? 정말 나를 사랑하느냐?"

이 음성을 경청하는 건 쉽지 않다. 예수님은 밤새도록 기도하셨다. 이를 통해 알 수 있는 사실이 있다. 기도는 늘 감정이 아니며, 하나님의 음성은 늘 육신의 귀로 듣는 음성이 아니다. 하나님의 말씀은 항상 머릿속에 불쑥 떠오르거나 우리 마음을 만족시켜주는 깨달음이 아니다.

하나님의 마음은 인간의 마음보다 크기에 우리의 기분과 정서를 초월한다. 하나님의 생각은 인간의 생각보다 크기에 우리의 깨달음과 기발한 발상을 초월한다.

하나님과 교제하는 진정한 기도는 다분히 밤에 이루어진다. 우리에게 닥쳐오는 어둠 속에서, 신앙의 밤에 이루어진다. 하나님의 빛은 한없이 밝아서 우리를 눈멀게 한다. 우리가 배우는 내용을 우리의 마음과 머리로는 이해할 수 없다.

그래서 기도의 훈련이 필요하다. 우리는 기도하도록 부름받았다. 기도란 마음이 내켜서 하거나 큰 깨달음을 얻으려고 하는 게 아니다. 기도란 우리를 "사랑하는 자"라고 부르시는 음성을 듣고 순종하고 싶어서 하는 것이다.

"듣는다"라는 말은 라틴어로 "아우디레(audire)"다. 온전히 귀를 기울여 주의 깊게 듣는 걸 "옵 아우디레(ob-audire)"라고 하는데, 거기서 "순종(obedience)"이라는 말이 나왔다. 예수님은 순종하신 분이다. 그만큼 하나님의 사랑에 온전히 마음을 열고 귀를 기울이셨다.

우리의 마음이 닫혀 있으면 그 닫혀 있는 정도만큼 귀도 막힌다. 귀머거리를 라틴어로 "수르두스(surdus)"라고 하며, 귀먹은 정도가 심해지면 사람이 "어리석어진다(absurdus)." 어리석은 삶이란 더 이상 듣지 않는 삶, 귀가 얇아져 늘 온갖 음성에 휘둘리는 삶, 자신이 사랑받는 자라는 진리를 잃어버린 삶이다.

오 주님,

제 마음이

늘 주님께로 향하기가

왜 이렇게 어렵습니까?[9]

영적으로 귀가 먹어 자신을 사랑하는 자라고 부르시는 음성을 듣지 못 하면, 그때부터 우리는 사랑받는 자가 되려고 엉뚱한 데를 기웃거린다. 그리고 그때부터 문제에 빠진다. 사랑과 인정과 칭찬을 얻지도 못 할 곳에서 얻으려 하기 때문이다. 그래서 우리는 술, 마약, 관계, 성공, 남들의 평가, 통제 욕구 등 아무것에나 정신이 팔린다.

이 세상을 진정 자유롭게 살려면 자신의 정체성에 관한 진리를 명확히 들어야 한다. 물론 우리의 정체성은 사랑받는 자다. 그 진리를 듣는 일이 바로 기도다. 기도가 어쩌다 한 번씩 하는 좋은 일이 아니라 절체절명의 일인 까닭도 거기에 있다.

기도란 본질적인 마음가짐이며, 다른 사람들을 사랑할 수 있는 자유가 그 마음가짐에서 비롯된다. 우리가 타인을 사랑하는 이유는 그들에게 도로 사랑을 받을 것이어서가 아니라 내가 받은 사랑이 너무 커서 그 풍성한 사랑으로 나도 베풀고 싶기 때문이다.

바로 여기가 사역의 출발점이다. 우리가 누리는 자유의 근거는 자신이 사랑받는 존재임을 주장하는 데 있다. 사랑받는 존재로 살면 세상 속에 들어가 사람들을 만져주고, 치유해주고, 함께 대화할 수 있다. 또한 그들에게도 그들 자신이 사랑받고 선택받고 축복받은 존재임을 인식시켜줄 수 있다.

자신이 사랑받는 존재라는 걸 깨달은 사람은 남들 역시 사랑받는 존재임을 안다. 그리고 타인의 그 정체성을 불러내준다. 하나님의 사랑은 놀랍도록 신비롭다. 내가 얼마나 깊이 사랑받고 있는지 깨달을수록 우리 형제자매들이 얼마나 깊이 사랑받고 있는지도 알게 된다.

그러려면 기도해야 한다. 우리를 "내 사랑하는 자"라고 부르시는 그 음성을 들어야 한다.

우리가 하루에 30분만 앉아서 아무것도 하지 않고 성경의 간단한 단어나 구절을 머리와 가슴 속에 품을 수 있다면 얼마나 좋을까?

"여호와는 나의 목자시니 내게 부족함이 없으리로다"(시 23:1). 이 구절을 세 번 반복해서 말해보라. 우리는 이 말씀의 뒷부분이 사실이 아님을 안다. 내게 부족한 것과 원하는 게 많기 때문이다. 우리 마음이 늘 불안하고 초조한 것도 그래서다.

하지만 진리 자체, "여호와는 나의 목자시니 내게 부족함이 없으리로다"를 계속 되뇌며 그 진리를 머리에서 가슴으로 내려오게 하면, 점점 그 말씀이 내면에 있는 성소의 벽에 새겨진다. 거기서 생겨나는 여유 덕분에 우리는 직장 동료와 일, 가족과 친구, 하루 중에 만날 사람들을 수용할 수 있다.

문제는 우리가 앉아서 조용히 있으려는 순간, 온갖 잡념이 떠오른다는 것이다. '참, 친구한테 전화하는 걸 깜박 잊었군. 이따가 만나야 되는데.'

우리의 내면생활은 원숭이들이 뛰어서 오르락내리락하는 바나나 나무와 같다. 하나님은 고독 속에서 말씀하시건만, 우리는 그것을 믿고 가만히 앉아 있기가 쉽지 않다.

그분의 말씀은 마술 같은 육성으로 오는 게 아니라 세월을 두고 점차 자라가는 지식으로 온다. 하나님이 주시는 그 말씀에서 우리는 내면의 여유를 얻어 삶을 살아간다.

예수님은 고독 속에서 하나님의 음성을 들으셨다. 우리도 고독 속에서 하나님의 음성을 듣는다. 고독은 공동체가 태동하는 곳이다.

하나님과의 교제는 공동체를 낳는다.
내 안에 사시는 하나님을 통해
동료 인간들 안에 계시는
하나님을 알아볼 수 있기 때문이다.[10]

A Spirituality
of Living

2단계 공동체의 제자도

서로 약한 모습을
받아들이는 영성

공동체란 겸손과
영광이 맞닿는 곳이다.[11]

기도로 하나님과 교제할 때, 바로 거기서 우리는 공동체를 이루라는 소명을 발견한다. 놀랍게도 고독은 언제나 우리를 공동체로 부른다. 고독 속에서 우리는 자신이 인간 가족의 일원이라는 걸 깨닫는다. 더불어 살고 싶은 게 우리의 마음이다.

내가 말하는 공동체란 공식적인 단체가 아니라 가족, 친구, 구역, 12단계 프로그램, 기도 모임 등이다. 공동체란 기관이 아니라 삶의 방식이다. 우리는 하나님께 사랑받는 자녀이며, 그 진리를 함께 선포하고 싶은 사람들이 모여 공동체를 이룬다.

공동체는 쉽지 않다. 파커 파머가 지적한 대로 공동체란 "가장 함께 살고 싶지 않은 사람이 항상 살고 있는 곳"이다.[12] 예수님이 이루신 열두 제자 공동체에서 맨 마지막에 나오는 이름은 장차 그분을 배반할 사람이었다(눅 6:13-16 참조). 우리 공동체 안에도 늘 그런 사람이 있게 마련이다. 다른 사람들이 보기에는 내가 곧 그 사람일 수도 있다.

지금 나는 '데이브레이크'라는 공동체에서 살고 있다. 지적 장애를 지닌 남녀노소들과 그들을 돕는 사람들이 함께 사는 전 세계 100여 개의 공동체 중 하나다. 우리는 일상생활의 모든 면을 공유하고 있다. 네이턴과 재닛을 비롯해서 우리 공동체의 모든 지체는 함께 산다는 게 얼마나 어렵고도 아름다운 일인지 알고 있다.

고독이 공동체보다 앞서는 게 왜 그렇게 중요한가? 자신이 하나님의 사랑받는 자녀임을 모르는 사람은 그 사랑받는 느낌을 공동체 내의 누군가에게서 얻고자 한다. 조건 없는 완전한 사랑을 인간에게 기대하는 것이다.

물론 인간은 그런 사랑을 줄 수 없다. 그래서 우리의 관계는 괴롭게 덧없이 끝날 때가 많다. 세월이 갈수록 오래오래 공고해지는 관계가 아니라 불화와 결별로 치닫는 것이다. 자신의 가장 깊은 갈망인 친밀함을 채워줄 사람을 찾다가 우리는 점차 절망에 빠진다.

영적 삶을 살려면
먼저 용기를 내서
자신의 외로움의 사막에 들어가
부드럽고도 끈질긴 노력으로
그곳을 고독의 동산으로
바꾸어야 한다.[13]

내 외로움을 없애줄 사람을 찾다 보면 '반짝반짝하던' 기대가 하루아침에 '먹구름으로 잔뜩 흐려진' 탈진과 우울로 변할 수 있다.

어디를 보나 외로운 사람들 천지다. 현대 서구 사회에서 인간 고난의 주된 원인은 아마 외로움일 것이다. 아이들은 대도시의 거리를 혼자 방황한다. 청소년들은 너무 외로워서 쾌락을 추구하며 당장의 위안을 찾는다. 청년들은 직장과, 종종 가정에서도 고립을 맛본다.

도처에서 사람들이 대화가 끊긴 관계, 서로 다가가지 못하는 두려움, 친밀한 순간 속의 고통, 부재와 상실로 인한 고뇌 따위로 아파한다. 우리가 텔레비전과 라디오와 신문에서 접하는 내용은 다분히 결별, 질투, 의심, 대립, 폭력, 전쟁, 파괴의 이야기들이다. 마치 인류 전체가 이산가족이 되어서 지독한 외로움에 시달리는 것 같다. 이 모두의 이면에 통곡이 있다. 인간의 마음은 공동체에 목말라서 통곡하고 있다.

공동체란 외로움이 외로움에 매달리는 게 아니다. "나도 무척 외롭고 너도 무척 외롭다. 잠깐만 내 곁에 있어다오!" 이렇게 매달리면 금세 그것이 집착으로 변하고, 집착이 심해지면 어느새 서로 숨이 막힐 수 있다.

공동체란 고독이 고독을 반기는 것이다. "나도 사랑받는 자이고 너도 사랑받는 자다. 우리는 함께 집을 지을 수 있다." 서로 가까울 때도 있다. 그럴 때는 참 좋다. 사랑이 별로 느껴지지 않을 때도 있다. 그럴 때는 힘들다. 하지만 어느 경우이든 우리는 충실할 수 있다. 함께 집을 지어서 하나님과 그분의 자녀들을 위한 공간을 창출할 수 있다.

공동체의 훈련 속에 용서의 훈련과 기쁨의 훈련이 있다. 부부 사이, 친구 사이, 기타 모든 형태의 공동체는 용서와 기쁨이 있기에 존재할 수 있다.

용서 ● 상대가 '하나님'이 아님을 인정하는 훈련

용서란, 상대를 하나님이 아닌 존재로 그냥 두는 것이다. "나는 네가 나를 사랑함을 안다. 하지만 나를 조건 없이 사랑하지 않아도 된다. 어떤 인간도 그럴 수 없기 때문이다."

우리는 누구나 상처와 깊은 고통을 안고 있다. 우리의 모든 성공 뒤에는 외로운 마음이 도사리고 있다. 우리가 받는 모든 칭찬의 이면에는 자신이 쓸모없는 존재라는 느낌이 숨어 있다. 사람들에게 훌륭하다는 말을 들을 때도 우리는 허탈감을 느낀다. 그 허탈감 때문에 때로는 사람들에게 매달려, 그들이 줄 수 없는 애정과 사랑을 기대하기도 한다.

하나님만이 주실 수 있는 것을 인간에게 바라면 우리는 상대에게 무거운 짐이 된다. "나를 사랑해달라!"라고 말할 때 우리는 자신도 모르게 요구와 조종을 일삼게 되고, 심지어 폭력까지 행사할 수 있다.

그래서 서로 용서하는 게 매우 중요하다. 어쩌다 한 번이 아니라 매 순간 용서해야 한다. 아침 식사를 하기도 전에 이미 사람들을 용서할 기회가 적어도 세 번은 우리에게 있다. 우리의 머릿속에 이미 이런 의문이 들기 때문이다. '그들은 나를 어떻게 생각할까? 그 사람은 나를 어떻게 대할까? 나를 어떻게 이용할까?'

인간들은 나에게 사랑을 조금밖에 줄 수 없다. 그런 인간들을 용서한다는 건 힘든 훈련이다. 나 또한 사랑을 조금밖에 줄 수 없다. 그것 때문에 사람들에게 계속 용서를 구하는 것도 힘든 훈련이다. 마음 같아서는 다 주고 싶어도 우리는 그럴 능력이 없다. 자녀나 배우자나 친구에게 그렇다고 고백하려면 아픔을 감수해야 한다.

그런가 하면 상대가 내 용서를 받아들이지 못 할 때도 있는데, 그럴 때도 용서를 베푼다는 건 힘든 훈련이다. 그래도 공동체가 탄생하려면 반드시 용서를 베풀고 받아야 한다. 공동체란 요구하는 자세를 버리고 함께 모여 용서할 때 생겨난다.

용서하지 않는 사람은

스스로를 복수욕의 사슬에 매어서 자유를 잃어버린다.[14]

기쁨 ● 상대의 은사를 기뻐하는 훈련

바로 거기서 공동체의 두 번째 훈련인 기쁨이 싹튼다. 장 바니에는 이렇게 썼다. "기쁨은 우리에게 양분을 주고, 희망을 회복시켜주며, 일상생활의 고난과 역경을 안고 살아갈 힘을 준다."[15]

하나님만이 주실 수 있는 걸 인간은 줄 수 없다. 그 점을 용서할 수 있을 때 우리는 상대의 은사를 기뻐할 수 있다. 그러면 그 사람이 내게 주는 사랑이 하나님의 크고 무조건적인 사랑의 반사체로 보인다. 하나님의 사랑은 다함이 없으며 무수한 방법으로 가시화될 수 있다. 그래서 우리의 인간관계는 무한히 다양하다.

중요한 것은 우리를 하나로 부르신 분이 하나님이신 걸 아는 것이다. "내가 너희를 사랑한 것 같이 너희도 서로 사랑하라"(요 15:12). 그 처음 사랑을 알면 비로소 사람들로부터 오는 사랑이 그 사랑의 반사체로 보인다. 이 사실을 알면, 많은 힘든 시기와 어려운 순간도 견뎌낼 수 있다. 그 사랑을 기뻐하면서 아름답다고 말할 수 있다.

우리 데이브레이크 공동체도 용서가 많이 필요한 곳이다. 하지만 그 용서의 한복판에서 기쁨이 솟아난다. 사회에서는 흔히 하찮게 여겨지는 사람들이지만, 우리는 그들의 아름다움을 본다. 용서와 기쁨이 있을 때 공동체는 서로의 은사를 발견하고 세워주는 곳, "너는 하나님의 사랑받는 자녀다"라고 말해주는 곳이 된다.

우리는 기쁨을 통해 하나님 나라에 들어간다.[16]

상대의 은사를 기뻐한다는 건 "네 피아노 연주 실력이 더 좋아졌다", "너는 노래를 참 잘한다" 따위의 가벼운 칭찬을 주고받는다는 뜻이 아니다. 그거라면 차라리 장기자랑에 더 가깝다.

서로의 은사를 기뻐한다는 건, 상대의 인간성을 받아들인다는 뜻이다. 데이브레이크에서는 서로를 그냥 사람으로 본다. 미소 지을 수 있는 사람, 반갑다고 말할 수 있는 사람, 음식을 먹을 수 있는 사람, 몇 걸음을 뗄 수 있는 사람으로 말이다.

남들이 보기에는 깨어진 사람들이지만, 갑자기 그들에게서 생기가 뿜어져 나온다. 그들을 통해 나 자신의 깨어진 모습을 발견하기 때문이다.

세상에는 자기비하의 짐에 시달리는 사람들이 수없이 많다. '나는 무익하고 쓸모없는 존재다. 사람들은 나한테 아무런 관심도 없다. 만약 나한테 돈이 없다면, 나한테 좋은 직장이 없다면 아무도 나를 불러주지 않을 것이다. 나한테 영향력이 없다면 아무도 나를 사랑하지 않을 것이다.'

겉으로는 성공해서 칭송받는 사람들도 속으로는 자신을 못났다고 여기며 두려움 속에 살아가는 경우가 비일비재하다. 그들의 삶은 분열되어 있다. 자신의 겉모습만 알고 있는 사람들에게 내면의 실상을 숨겨야 한다고 생각하는 것이다. 그들의 삶은 다른 사람들로부터 차단되고 격리되어 있다. 자신의 가치가 내줄 은사에만 있고 받을 은사에는 없다고 믿어서다.

그러나 공동체에서 우리는 내 은사의 영역에서는 이끄는 자이시만 다른 사람들의 은사의 영역에서는 따르는 자다. 공동체란 서로의 약한 모습을 드러내는 곳이다. 그 상태로 우리는 서로 용서하고 다른 지체의 은사를 기뻐할 수 있다.

데이브레이크에 온 뒤로 나는 참 많은 것을 배웠다. 나의 참된 은사가 책을 쓰거나 대학에서 가르치는 게 아니라는 걸 배웠다. 재닛과 네이턴을 비롯한 사람들이 나의 참 은사를 발견해주었다. 그들은 나를 워낙 잘 알기 때문에 내가 쓴 책이나 명문대 교수직에 더 이상 감명을 받을 수 없다. 가끔씩 그들이 이런 말을 해준다. "조언을 하나 하자면요. 당신이 쓴 책들을 직접 읽어보세요."

내 약하고 조급하고 부족한 모습이 공동체 지체들에게 그대로 알려질 때, 거기에서 치유가 일어난다. 문득 나는 깨닫는다. 독서를 하지 않고 성공에 관심이 없는 사람들이 보기에도 내가 좋은 사람임을 말이다. 자기중심의 몸짓과 행동이 늘 나를 떠나지 않지만, 이 사람들은 매번 나를 용서해줄 수 있다.

영적인 삶의 가장 큰 위험 중 하나는

자기비하다.[17]

A Spirituality
of Living

3단계 사역의 제자도

'고통의 자리'에 찾아가는 영성

예수님의 사명은
하나님의 온전한 사랑을
이 세상에 드러내시는 것이었다.
지금도 그분은 우리를 불러
그 사명을 계속
이어가게 하신다.[18]

예수님의 제자들은 모두 사역으로 부름받았다. 사역이란 일차적으로 우리가 행해야 하는 무엇이 아니다. 비록 많은 일을 해야 하지만 말이다. 사역이란 우리가 믿어야 하는 무엇이다. 자신이 사랑받는 존재임을 안다면, 공동체 내의 사람들을 용서하고 그들의 은사를 기뻐한다면, 거기서 사역이 나올 수밖에 없다.

예수님은 사람들을 치료하실 때 온갖 복잡한 절차를 거치지 않으셨다. 그분은 환자에게 이렇게 말씀하지 않으셨다. "우선 10분 동안 대화해보자. 그러면 내가 뭔가 조치를 취할 수 있을 거야." 그보다 그분의 순수한 마음에서 능력이 나왔고, 그 결과 사람들의 병이 나았다.

예수님이 원하신 일은 딱 하나, 하나님의 뜻을 행하시는 것이었다. 그분은 철저히 순종하셨고, 언제나 하나님의 음성을 들으셨다. 이 경청을 통해 예수님은 하나님과 진밀해지셨고, 그 진밀함이 그분이 보고 만지는 모든 사람에게로 발산되었다.

사역이란 바로 그것을 믿어야 한다는 뜻이다. 우리가 하나님의 자녀라면 우리에게서 능력이 나와 사람들이 치유될 것이다. 그것을 믿어야 한다.

"나가서 환자를 고치라. 뱀을 밟고 죽은 자를 살리라." 이것은 한가한 농담이 아니다. 그런데 예수님은 "내가 진실로 진실로 너희에게 이르노니 나를 믿는 자는 내가 하는 일을 그도 할 것이요 또한 그보다 큰 일도 하리니"(요 14:12)라고 말씀하셨다.

예수님이 세상으로 보냄받으신 것처럼 우리도 몸과 마음을 치유하고 기쁜 소식을 전하도록 세상으로 보냄받았다(눅 9:1-2 참조). 그때나 지금이나 예수님은 자신의 제자들이 그 사실을 알기를 원하신다. 이 치유의 능력을 믿으라. 우리가 사랑받는 존재로 산다면 알게 모르게 사람들을 치유하게 되어 있다. 그 사실을 믿으라. 우리는 이 소명에 충실하기만 하면 된다.

치유의 사역은 감사와 긍휼이라는 두 가지 훈련을 통해 표현될 수 있다.

우리는
참된 능력을
행사하며
이 흑암의
골짜기를
지나갈 것이다.
기적을 행하고
목격할 것이다.

감사 ● '모든 일'에 감사하는 훈련

종종 치유는 사람들을 감사하도록 이끌어줄 때 일어난다. 그만큼 세상이 원망으로 가득 차 있기 때문이다. 원망이란 무엇인가? 원망이란 차가운 분노다. '나는 그 사람에게 화가 나 있다. 이 상황에 화가 나 있다. 내가 원한 건 이게 아니다.'

자신의 삶을 참으로 받아들이는 일만큼 힘든 일은 없다.[20] 우리는 과거를 둘로 나누는 경향이 있다. 좋은 일들은 기억하며 감사하지만, 괴로운 일들은 때에 따라 수용하기도 하고 거부하기도 한다. 그러나 일단 이런 이분법을 받아들이면 금세 다음과 같은 사고방식에 빠진다. 나쁜 기억보다 좋은 기억을, 원망할 일보다 감사할 일을, 불평할 일보다 기뻐할 일을 더 많이 떠올리려 하는 것이나.

하지만 우리 삶은 꿈의 상실, 친구의 상실, 가족의 상실, 희망의 상실 등 온갖 상실로 점철되어 있다. 세월이 갈수록 부정적인 일이 더 많아진다. 원망은 우리를 실패나 실망에 집착하게 하며, 삶에 찾아오는 상실에 대해 불평하게 한다. 우리 안에는 삶의 엄청난 고통에 원망으로 반응할 수 있는 위험이 늘 도사리고 있다. 자꾸 원망하면 마음이 딱딱해져서 결국 한 맺힌 사람이 된다.

가장 깊은 의미에서 감사란, 삶을 고마운 선물로 받고 살아간다는 뜻이다. 나아가 복음이 말하는 감사는 삶의 전부를 품는다. 좋은 일과 궂은일, 즐거운 일과 괴로운 일, 거룩한 일과 별로 거룩하지 못한 일까지 다 품는다. 기억하고 싶은 좋은 일만이 아니라 내 삶의 전부를 감사로 품는 것이다. 그것이 정말 가능할까?

예수님은 우리를 불러 감사하게 하신다. 기쁨과 슬픔은 분리될 수 없고, 환희와 비애는 사실 하나이며, 애통과 춤은 같은 동작의 일부다. 예수님은 우리에게 그 점을 인식하라고 하신다. 그래서 여태까지 살아온 모든 순간을 인해 감사하라고 하신다.

내 독특한 인생 여정은 하나님이 내 마음을 빚어서 더욱 그분의 마음을 닮아가게 하시는 수단이다. 예수님은 우리에게 그렇게 주장하라고 하신다. 십자가는 우리 신앙의 주된 상징물이다. 십자가는 고통이 있는 곳에서 희망을 찾고, 죽음이 있는 곳에서 부활을 재확인하게 한다.

삶의 모든 순간은 우리를 새로운 삶으로 이끄는 십자가의 길이다. 감사의 소명은 바로 그 사실을 믿으라는 부름이다. 우리는 정말 자기 삶에 일어난 모든 일을 인해서 감사할 수 있을까? 좋은 일만이 아니라 오늘의 나를 있게 한 모든 일에 감사할 수 있을까?

세상의 눈으로 보면 좋을 때와 궂을 때, 슬픔과 기쁨이 확연히 구분된다. 그러나 하나님의 눈으로 보면 양쪽이 분리될 수 없다. 우리의 사역은 사람들이 점차 원망을 버리고 고난 속에 복이 있음을 깨닫도록 그들을 도와주는 것이다. 고통이 있는 곳에 치유가 있고, 애통이 있는 곳에 춤이 있다. 가난이 있는 곳에 하나님 나라가 있다.

예수님께나 그분을 따르는 우리에게나 감사는 삶의 핵을 이룬다.[21]

감사를 발견하고 실천하려면

내면의 눈으로

주의 깊게 살펴야 한다.[22]

예수님은 우리에게 말씀하신다. "너의 고통을 인하여 울라. 그러면 너의 눈물 속에 내가 있음을 알게 될 것이다. 너의 연약함 속에 함께하는 나의 임재를 인하여 감사하게 될 것이다."

삶에 고통이 있을지라도 감사하도록 돕는 것, 그것이 사역이다. 감사할 때 우리는 세상 속으로 들어가, 사람들이 고통당하고 있는 바로 그 자리로 갈 수 있다.

때로 한 인간의 고통은 속에 꼭꼭 숨어 있을 때도 있다. 겉으로 보기에는 고통이 없어 보이거나 성공한 사람처럼 보인다. 그러나 사역자, 즉 예수님의 제자는 고통이 있는 곳으로 간다. 마조히스트(고통당하는 데서 쾌감을 얻는 이상 성욕을 가진 사람-편집자주)나 사디스트(대상을 학대하는 데서 만족을 얻는 이상 성욕을 가진 사람-편집자주)여서가 아니라 그 고통 속에 하나님이 숨어 계시기 때문이다.[23]

긍휼 ● 아픈 이들과 함께 있어주는 훈련

긍휼이란 아파하는 사람들과 더불어 살며 함께 아파한다는 뜻이다. 예수님은 외아들을 사별한 나인 성의 과부를 보시고 긍휼히 여기셨다. 그 여인의 아픔이 그분의 몸속에 그대로 느껴졌다. 고통이 어찌나 영혼 깊이 느껴졌던지 그 긍휼의 마음으로 그분은 아들을 불러 다시 살리셔서 어머니에게 돌려주셨다(눅 7:11-15 참조).

긍휼이란 인간 조건에 온전히 몰입한다는 뜻이다.[24]

네덜란드의 화가 빈센트 반 고흐도 비슷한 고통을 느꼈다. 벨기에의 황량한 탄광촌에서 가난한 사람들과 연대해서 살 때도 그랬고, 긍휼에 찬 붓놀림으로 네덜란드 남부의 배고픈 농부들의 초상을 그릴 때도 그랬다. 고흐는 깊숙이 숨어 있는 인간의 슬픔에 도달해서 그것을 겉으로 드러내려 했다. 그가 그렇게 한 것은 우리를 두렵게 하기 위해서가 아니라 위로하기 위해서였다.

고통이 깊어져서 함께 공유할 수 있는 정도가 되면, 그것이 바로 위로가 된다. 고흐에게 기쁨과 슬픔은 신비롭게 맞물려 있어서 결코 분리될 수 없는 것이었다. 기쁨과 슬픔, 빛과 어두움, 삶의 희열과 죽음의 고통, 그것을 양쪽 모두 표현하는 게 고흐의 위로이자 과제였다. 그의 예술 작업은 사람들의 마음과 삶에 도달하려는 부단한 몸부림이었다.

고흐가 스케치와 데생과 회화를 통해 우리에게 보여주는 게 있다. 고난의 연대가 낳는 건 동정이 아니라 위로라는 것이다. "위로(comfort)"란 어원적으로 새롭게 "함께하는 힘"이라는 뜻이다. 고난의 연대를 이루려면 진정한 공유가 가능한 정도로까지 고통이 깊어져야 할 수도 있다.[25]

서로의 연약함을 품는 사람들은 복이 있나니 그들이 땅을 차지할 것이다. 그들은 새 출발을 경험할 것이다. 함께 아파하는 긍휼은 인간의 커다란 모험이다. 그래도 우리는 그 모험에 나서서 인간의 무서운 외로움에 과감히 함께 부딪쳐야 한다. 그래야 새로운 삶이 모습을 드러낸다.

예수님의 제자인 우리는 어디든지 가난과 외로움과 모든 고난이 있는 곳으로 보냄받았다. 예수님은 우리에게 고난당하는 사람들과 함께 있을 용기도 주신다. 고통의 자리에 들어가면 예수님의 기쁨을 얻는다. 우리는 그 사실을 믿어야 한다. 새로운 세상은 긍휼에서 태동한다.

우리는 긍휼의 사역으로 부름받았다. 이것은 큰 소명이지만 그렇다고 두려워해서는 안 된다. "나는 할 수 없다"라고 말해서도 안 된다. 자신이 사랑받는 존재임을 인식하고 주변의 친구들과 함께 공동체로 살아가면, 우리는 무엇이든 할 수 있다. 더 이상 두렵지 않다.

우리는 누군가가 죽어가고 있는 병실의 문도 두려움 없이 두드릴 수 있다. 겉만 번드르르할 뿐 속으로는 절실히 사역이 필요한 사람과도 우리는 두려움 없이 대화를 시작할 수 있다. 우리는 자유롭다.

나도 그것을 늘 경험한다. 물론 내가 우울하거나 불안할 때 친구들이 그것을 해결해줄 수 없음을 나도 잘 안다. 오히려 사역으로 나를 섬겨주는 사람들은 두려움 없이 나와 함께 있어주는 사람들이다. 나의 빈곤이 느껴지는 바로 그 자리에서 나는 하나님의 복을 발견한다.

복 있는

사람은

늘 복을

베푼다.[26]

A Spirituality
of Living

하나님께 내드리면 '풍성한 열매'가 맺힌다

영적인 삶의 열매는 사랑이다. [27]

몇 주 전에 내 친구 하나가 세상을 떠났다. 그는 나의 오랜 친구였다. 사람들이 내게 장례 예배를 녹화한 테이프를 보내주었다. 예배에서 맨 처음에 낭독된 글은 어느 작은 강에 대한 이야기였다.

작은 강은 "나는 큰 강이 될 수 있어"라고 말했다. 열심히 노력했지만 앞에 큰 바위가 나타났다. 강은 "이 바위를 빙 돌아가면 돼"라고 말했다. 작은 강은 힘이 셌으므로 계속 밀고 밀어 결국 바위를 돌아갔다.

곧 강은 큰 벽에 부딪쳤고 이번에도 벽을 계속 밀었다. 결국 강은 계곡을 뚫고 길을 파서 지나갔다. 점점 커지는 강은 "나는 할 수 있어. 밀어붙이면 돼. 무슨 일이 있어도 포기하지 않을 거야"라고 말했다.

머잖아 거대한 숲이 나타났다. 강은 "그래도 내 전신은 멈추지 않아. 그냥 힘으로 나무들을 제압하면 돼"라고 말했다. 그리고 그 말대로 했다.

어느새 힘이 막강해진 강은 땡볕이 내리쬐는 광막한 사막의 언저리에 서 있었다. 강은 "이 사막도 뚫고 지나갈 거야"라고 말했다. 하지만 뜨거운 모래가 금세 강물을 온통 빨아들이기 시작했다. 강은 "아, 안 돼! 나는 반드시 해내고 말 거야. 사막을 통과할 거야"라고 말했다. 그러나 강물은 곧 모래밭에 흡수되어서 작은 진흙 웅덩이만 남았다.

그때 위에서 강에게 이런 음성이 들려왔다. "그냥 내려놓으라. 내가 너를 번쩍 들어 올리겠다. 나한테 넘기라."

강은 "제가 여기 있습니다"라고 말했다.

그러자 태양은 강을 번쩍 들어 올려 커다란 구름이 되게 했다. 구름은 두둥실 떠서 사막을 건너가 비가 되어 내렸고, 마침내 저 멀리 들녘에는 풍성한 열매가 맺혔다.

우리 삶에도 사막 앞에 마주 서는 순간이 있다. 그때 우리는 자신의 힘으로 해내려 한다. 그러나 우리에게 들려오는 음성이 있다. "손을 놓으라. 내려놓으라. 이 메마른 땅에서 내가 너에게 열매를 허락하겠다. 나를 믿으라. 나한테 너를 맡기라."

당신과 나의 삶에서 중요한 건 성공이 아니라 열매다. 삶의 열매는 흔히 우리의 고통과 상실과 연약함 속에서 싹튼다. 우리의 땅을 쟁기로 갈아엎어야만 비로소 삶의 열매가 맺힌다. 하나님은 우리가 풍성한 열매를 맺기를 원하신다.

문제는 "남은 인생 동안 내가 할 수 있는 일이 얼마나 될까?"가 아니다. 문제는 이것이다. "내 삶에 풍성한 열매가 맺힐 수 있도록 어떻게 나를 하나님께 완전히 내어드릴 것인가?"

우리의 작은 삶은 그야말로 인간의 보잘것없는 삶이다. 하지만 우리를 "사랑하는 자"라고 부르시는 하나님의 눈으로 보면 우리는 큰 존재다. 남아 있는 연수보다 더 큰 존재다. 당신과 나는 열매를 맺을 것이다. 이 땅에서는 그 열매를 우리 눈으로 볼 수 없지만, 그래도 그 열매가 사실임을 우리는 믿을 수 있다.

고독과 공동체와 사역, 이 세 가지 훈련을 통해 우리는 열매 맺는 삶을 살 수 있다. 예수님 안에 거하라. 그분도 당신 안에 거하신다. 당신은 많은 열매를 맺을 것이고, 큰 기쁨을 누릴 것이다. 당신의 기쁨이 충만할 것이다.[28]

우리에게 참된 기쁨을 가져다주는 건
'성공'이 아니라 '열매'다. [29]

내 안에 거하라 나도 너희 안에 거하리라
가지가 포도나무에 붙어 있지 아니하면
스스로 열매를 맺을 수 없음 같이
너희도 내 안에 있지 아니하면 그러하리라(요 15:4).

주

1. Henri Nouwen, *Making All Things New*(1981), 66. 「모든 것을 새롭게」(두란노 역간).
2. Henri Nouwen, *Bread for the Journey*(1997), 5월 18일. 「영혼의 양식」(두란노 역간).
3. Henri Nouwen, *Here and Now*(1994), 71. 「여기 지금 우리와 함께하시는 하나님」(은성 역간).
4. Henri Nouwen, *¡Gracias!*(1983), 151. 「소명을 찾아서」(성요셉출판사 역간).
5. Henri Nouwen, *Clowning in Rome*(1979), 30. 「로마의 어릿광대」(가톨릭대학교출판부 역간).
6. Henri Nouwen, *¡Gracias!*(1983), 12. 「소명을 찾아서」(성요셉출판사 역간).
7. Henri Nouwen, *The Way of the Heart*(1981), 22. 「마음의 길」(분도출판사 역간).
8. Henri Nouwen, *The Road to Daybreak*(1988), 72. 「새벽으로 가는 길」(바오로딸 역간).
9. Henri Nouwen, *A Cry for Mercy*(1981), 26. 「자비를 구하는 외침」(한국기독교연구소 역간).

10. Henri Nouwen, *With Burning Hearts*(1994), 75. 「뜨거운 마음으로」(분도출판사 역간).
11. Henri Nouwen, *Bread for the Journey*(1997), 5월 3일. 「영혼의 양식」(두란노 역간).
12. Parker J. Palmer, *The Promise of Paradox: A Celebration of Contradictions in the Christian Life*(Notre Dame, Ind.: Ave Maria Press, 1980), 83. 「가르침— 파커 파머가 역설에서 퍼올린 삶의 지혜」(아바서원 역간).
13. Henri Nouwen, *Reaching Out*(1975), 22. 「영적 발돋움」(두란노 역간).
14. Henri Nouwen, *The Road to Daybreak*(1998), 68. 「새벽으로 가는 길」(바오로딸 역간).
15. Jean Vanier, *Community and Growth: Our Pilgrimage Together*(New York: Paulist Press, 1979), 200. (장 바니에는 라르쉬 공동체의 설립자다.) 「공동체와 성장」(성바오로출판사 역간).
16. Henri Nouwen, *Creative Ministry*(1971), 108. 「영성의 씨앗」(그루터기하우스 역간).
17. Henri Nouwen, *Bread for the Journey*(1997), 1월 10일. 「영혼의 양식」(두란노 역간).
18. Henri Nouwen, *The Road to Daybreak*(1988), 159. 「새벽으로 가는 길」(바오로딸 역간).
19. Henri Nouwen, *Finding My Way Home*(2001), 49. 「영성에의 길」(IVP 역간).
20. Henri Nouwen, *Creative Ministry*(1971), 97. 「영성의 씨앗」(그루터기하우스 역간).

21. Henri Nouwen, *Lifesigns*(1986), 56. 「두려움을 떠나 사랑의 집으로」(포이에마 역간).

22. Henri Nouwen, *With Burning Hearts*(1994), 93. 「뜨거운 마음으로」(분도출판사 역간).

23. 이 단락의 일부 자료는 다음 기사에서 온 것이다. Henri Nouwen, "All Is Grace," *Weavings*, Vol. VII, No. 6(1992년 11-12월), 39-40.

24. Henri Nouwen, *Compassion*(1982), 4. 「긍휼」(IVP 역간).

25. 이 문단의 일부 자료는 다음 잡지에 처음 게재된 기사에서 직접 인용했거나 다듬은 것이다. *America*(1976년 3월 13일), 197-98.

26. Henri Nouwen, *Life of the Beloved*(1992), 67. 「이는 내 사랑하는 자요」 (IVP 역간).

27. Henri Nouwen, *Finding My Way Home*(2001), 142-44. 「영성에의 길」(IVP 역간).

28. 이상의 주에 밝힌 자료 외에도 이 책에 참고한 헨리 나우웬의 여러 원전은 다음과 같다. "Moving From Solitude to Community to Ministry" (*Leadership*, 1995년 봄호). "An Evening with Henri Nouwen" 녹취록(St. James' Church, New York City, 1993년 11월 11일). "Communion"(미간행 원고). 기도에 관한 비공식적 발표의 녹취록(Westminster Presbyterian Church, Nashville, Tennessee, 1991년 2월 10일). "The Life in Faith"(미간행 원고).

29. Henri Nouwen, *Bread for the Journey*(1997), 1월 4일. 「영혼의 양식」(두란노 역간).

지은이_ 헨리 나우웬 Henri J. M. Nouwen, 1932-1996

헨리 나우웬은 1932년 네덜란드 네이께르끄에서 태어났으며, 1957년에 예수회 사제로 서품을 받았다. 심리학을 공부한 그는 인간의 고난을 더 깊이 이해하고 싶어 1964년에 미국으로 건너가 메닝거클리닉에서 종교학과 정신의학을 통합하는 공부를 했다. 30대에 노트르담대학교 심리학부에서 객원교수를 시작했고, 신학을 공부한 후에는 예일대학교 신학부에서 학생들을 가르쳤다.

존경받는 교수이자 학자로서의 이런 헨리 나우웬의 삶의 행보는 1981년을 기점으로 큰 변화를 맞이하게 된다. 그 무렵 그는 '하나님 사랑'에 빚진 자로서 거룩한 부담감을 품고 페루의 빈민가로 떠나 한동안 그곳 민중들과 함께 지냈다. 이후 다시 대학 강단으로 돌아와 3년간 하버드대학교 신학부에서 강의를 맡았으나 그는 더 이상 이 같은 삶에서 영혼의 안식을 찾지 못했다. 1986년, 마침내 그는 새로운 부르심에 순종하기로 결정한다. 그리고 1996년 9월에 심장마비로 소천하기까지 10년 동안 캐나다의 발달장애인 공동체인 라르쉬 데이브레이크(L'Arche Daybreak)에 살면서 '예수 그리스도를 따르는 삶'을 몸소 보여주었다.

「두려움에서 사랑으로」,「영적 발돋움」,「영성 수업」,「상처 입은 치유자」,「예수님을 생각나게 하는 사람」,「춤추시는 하나님」,「영혼의 양식」,「예수님의 이름으로」(이상 두란노) 등 영적 삶에 관한 헨리 나우웬의 40여 권의 명저는 22개 이상의 언어로 번역되어 활발히 전 세계 독자들을 찾아가고 있다. 그는 외로움과 불안, 상처 등 마음의 감옥에 갇혀 있는 현대인들을 말씀으로 위로하고, '내적 자유'의 길을 제시했다. 책 속에 자기 마음속 고뇌와 성찰을 활짝 열어 보인 그는 '상처 입은 치유자'로서 큰 공감을 불러일으켰다. 또한 깊은 말씀 묵상과 기도 생활에서 나온 압축된 문장들은 수많은 이들을 깊은 영성의 세계로 초대했다.

헨리 나우웬은 세계 곳곳에 다니며 사역과 돌봄, 긍휼, 평화, 고난, 고독, 공동체, 죽음 등의 주제로 강연도 했다. 그는 예수 그리스도, 그 복음의 깊이를 전달하고자 늘 새로운 이미지를 모색했으며, 그의 영적 비전은 다양한 옷을 입고, 월스트리트의 금융가, 정치가, 전문직 종사자, 페루의 농부, 교사, 종교 지도자, 사역자 등 각계각층의 사람들에게 감화를 끼쳤다. 강의나 저작들의 강한 호소력은 자신의 삶의 모든 면을 하나의 생활 영성으로 통합하려는 그의 열정에서 나왔다. 그는 그런 통합의 추구가 우리 문화에 절실히 필요하다고 확신했다.

엮은이_ 존 모개브개브 John S. Mogabgab

미국 어퍼룸출판사(Upper Room Books)의 특별기획 편집자이며, 기독교 영성 생활 잡지 〈위빙스(*Weavings: A Journal of the Christian Spiritual Life*)〉의 창간 편집자이다. 1975년부터 1980년까지 예일대학교 신학부에서 헨리 나우웬의 조교로 강의와 연구 및 편집을 수행했다.

옮긴이_ 윤종석

서강대 영어영문학과를 졸업했다. 미국 골든게이트침례신학교에서 교육학을, 미국 트리니티신학대학원에서 상담학을 공부했다. 「차별없는 복음」, 「두려움에서 사랑으로」, 「은혜」, 「존중」, 「구원」, 「순종」, 「하나님의 임재 연습」, 「하나님 당신을 갈망합니다」, 「결혼 건축가」(이상 두란노), 「하나님의 모략」, 「예수님처럼」(이상 복있는사람) 등 다수의 책을 번역한 전문 번역가이다.